AF189724

Fenster und Kerze und Du

Thomas Kolitsch

Fenster und Kerze und Du

Lyrics

Impressum

Bibliografische Information der Deutschen Nationalbibliothek:
Die Deutsche Nationalbibliothek verzeichnet diese Publikation in der Deutschen Nationalbibliografie; detaillierte bibliografische Daten sind im Internet über http://dnb.dnb.de abrufbar.

Umschlaggestaltung: Christoph Zwißler unter Verwendung des Bildes „Der Fuchs mit Jungtier" (TK, Mai 1982)

© 2020 Kolitsch, Thomas

Herstellung und Verlag: BoD – Books on Demand, Norderstedt

ISBN: 978-3-7504-6879-5

Für Lena und Paul

That's another way of writing a song, of course.

Just talking to somebody that ain't there.

That's the best way.

That's the truest way.

Bob Dylan

Spielmann

Ich war einst *mals* ein Spielmann,
in *neller* *Jugendzeit*
~~das (wenn) Igk schon~~
~~(...)~~ Die Worte liest in Blut
Ein lieblich *Lied* ein *Liedle* da,
das *was* ein Zeichen.
Zurück blieb *hier* Sorge nur,
nur *mehr* seine Wut.

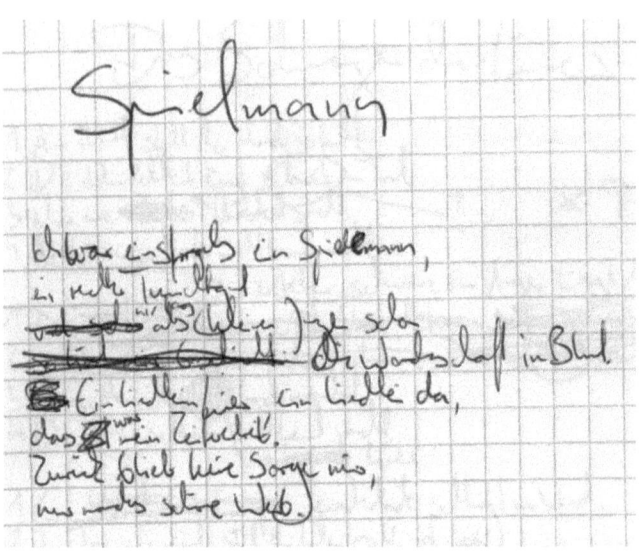

8

SPIELEMANN

Ich war einstmals ein Spielemann,

ein rechter Tunichtgut.

Mir lag als kleinem Jungen schon

die Wanderschaft im Blut.

Ein Liedlein hier, ein Liedlein da,

das war mein Zeitvertreib.

Zurück blieb keine Sorge mir,

nur manches schöne Weib.

Und so zieh ich umher,

habe Staub an den Schuhn.

Wohin mich auch die Winde wehn,

da will ich kurz nur ruhn.

Ich kam nach Wittenberge,
wo man mich bald verstieß.
Der Bürgermeister sperrt' mich ein
ins tiefste Burgverlies.
Ein Fräulein mit nem Schlüsselein
half mir sogleich ans Licht.
Ich küsste sie zum Dank dafür.
Zurück blickte ich nicht.

Einst traf ich eine dralle Frau,
so weiß und weich und rund.
Sie hatte Haar wie Waldeslaub
und Zähne so gesund.
An ihrem Rock drei Kinderlein,
die lachten voller Glück.
Ich stahl mich fort noch in der Nacht
und sah nie mehr zurück.

Und so zieh ich umher,
habe Staub an den Schuhn.
Wohin mich auch die Winde wehn,
da will ich kurz nur ruhn.

Jetzt bin ich alt, der Rücken schmerzt,

die Welt hat sich gedreht.

Ein Hauch von Schnee liegt in der Luft.

Der Hafer ist gemäht.

So sitz ich hier am Wegesrand

und sing dies kleine Lied.

Gleich brech ich auf zum Horizont.

Mal sehn, was dann geschieht.

Und so zieh ich umher,

habe Staub an den Schuhn.

Wohin mich auch die Winde wehn,

da will ich kurz nur ruhn.

EBERESCHENBAUM

Ich war schon in Chicago
und auch in Berlin.
Ich reiste nach Sankt Petersburg,
nach Tokio zogs mich hin.

Die Wüste der Sahara,
die Kaffeehäuser Wiens.
Rabbis in Jerusalem.
Musik in New Orleans.

Die Straßen von Timbuktu.
Der Stille Ozean.
Die Anden in Brasilien –
da bin ich hingefahrn.

Ich stand schon auf dem Everest
und badete im Nil.
Meine Wege führten mich
nach Shanghai und nach Kiel.

Ich ritt bis nach Alaska
und trank in Indien Tee,
sah Bären in Sibirien
und den Viktoriasee.

Ich kehrte ein in Bruchtal
und schlief im Taj Mahal.
Ich hab die ganze Welt besucht –
ich war schon überall.

Wenn ich die Augen schließe,
kann ich nur eines sehn:
Tanzend, tanzend
sie sich im Kreise drehn.
Ich hielt sie in den Armen
und küsste sie wohl kaum,
dann lagen wir im Schatten
vom Ebereschenbaum.

Ich hab alles gesehen,

viel Wunder immerdar.

Am schönsten aber ist gewiss

ihr kupferrotes Haar.

Denn wie weit ich auch fliehe,

mein Herz, es bleibet dort.

Es wohnt beim Ebereschenbaum,

an keinem andren Ort.

SAALENIXE

nach halleschen Nixensagen

Wir tanzten und tanzten an des Ufers Rain.

Er sprach leis: „Ich will der deine nun sein."

Ich küsste seinen heißen mit meinem kalten Mund

und sagte: „So leb mit mir auf der Saale Grund.

Doch du bist ein Mensch, eines Schäfers Sohn.

Mein Vater sitzt auf des Nixenkönigs Thron.

Bedenke dich gut wohl über ein Jahr,

bevor ich reich die Hand dir zum Ehebund dar."

Dann stieg ich ins Wasser so angenehm kalt

und ließ hinter mir der Welt schweren Halt.

Glitt sanft durch die Rosen, durch tiefgrünen Tang,

und stimmte mit ein in der Schwesternschar Sang.

Der Nixe Lied ②

Ein Jahr ging ins Land, er kehrte zurück.

Schloss mich in die Arme voll Lust und Glück.

Strich mir übers perltropfend nasse Gesicht

und sagte: „Ich folg dir und verlasse dich nicht.

Du bist eine Nixe und ich bin dein Mann."

So sprach er und zog mich an sich fest heran.

Am Uferrande liegend wurden wir eins im Nu.

Der Fluss rauschte murmelnd und wissend dazu.

Wir stiegen ins Wasser so angenehm kalt

und ließen hinter uns der Welt schweren Halt.

Glitten sanft durch die Rosen, den tiefgrünen Tang,

und hoben unsre Stimmen in gemeinsamem Sang.

Die Zeit floss dahin, wie sie's immer tut.

Ein Sohn ward geboren, so frisch und gut.

Er spielte mit Fischlein und lachte dabei.

Wir tanzten und trieben dahin froh und frei.

Da sagte mein Mann: „Ich möchte gern gehn

an Land, um kurz nach meiner Mutter zu sehn."

„So eile davon. Kehr in drei Tagen heim.

Des Nixenkönigs Strafe wird furchtbar sonst sein!"

Dann stieg ich ins Wasser so angenehm kalt

und ließ hinter mir der Welt schweren Halt.

Glitt sanft durch die Rosen, durch tiefgrünen Tang,

und stimmte mit ein in der Schwesternschar Sang.

Drei Tage vergingen. Still kam er daher.

Er schwieg und er schwieg. Mich grauste es sehr.

Dann sagte er zu mir: „Dein nasser Leib

kann mich nicht mehr wärmen.

Du bist nicht mehr mein Weib."

Darauf fiel er hin. Sein Antlitz ward bleich.

Die Wärme des Blutes entschwand seiner Leich.

Die Wellen der Saale, sie färbten sich rot.

Allein stand ich da. Mein Mann, er war tot.

Still kam es daher.

Drei Tage vergiße . ~~Der Stich~~

Er schwung und es schwieg, Mich graust's sehr.

Dann stieg ich ins Wasser zum allerletzten Mal.

Der Schäfer blieb liegen mit meins Herzen Qual.

Verschwand in den Rosen, verlor mich im Tang,

und hob nimmermehr meine Stimme zum Sang.

BLASSE MARY

Ich hab sie gesehn dort am Tanzplatz stehn,
ihre Augen, schwarz wie zwei Kohlen.
Ihr Blick war so rein, ihre Wangen so fein,
ihre Beine wie die eines Fohlen.

Die Musik begann, die Fiedel fing an.
Sie bewegte sich langsam im Kreise.
So herrlich wie nie war die Melodie
dieser ewig jungen Weise.

Ich war ganz verzückt, hätt mich zu gern gedrückt
an ihren Busen, den warmen.
Ihr Haar in der Nacht, ich berührte es sacht,
doch sie entschwand meinen Armen.

Aber dann kam ein Mann und fasste sie an,
das hübscheste Mädchen auf Erden.
Sie küsste ihn keck und ging dann mit ihm weg.
Und muss die meine doch werden.

Die blasse Mary

Ich hab sie entdeckt im Dunkel versteckt.

Das Mondlicht schien sacht in den Bäumen.

Über mir klang der Vögelein Sang

von meinen süßen Träumen.

Jetzt war es soweit. Rosen auf ihrem Kleid.

Ich wurde still und heiter.

Ihre Haut war so weiß, ihre Lippen wie Eis.

Und die Fiedel spielt immer weiter.

Oh, ich lieb sie so, die blasse Mary.

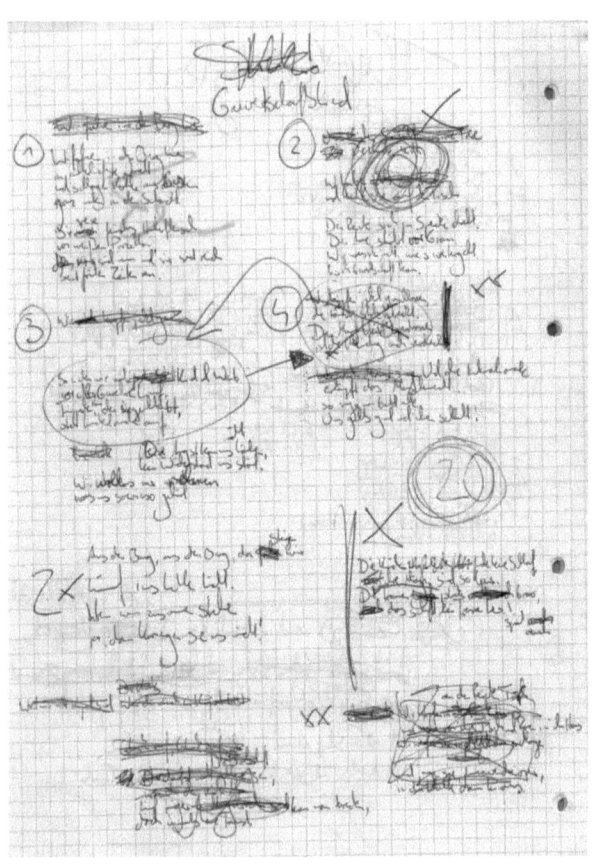

GEWERKSCHAFTSLIED

Wir fahren in den Berg hinein,

in allertiefste Nacht,

und schlagen Kohle aus Gestein

ganz unten in dem Schacht.

Sie speisen feinstes Hühnerfleisch

von weißem Porzellan.

Denn wir sind arm und sie sind reich

seit frühsten Zeiten an.

Aus dem Berg!, aus dem Berg!, da steigen wir

hinauf ins helle Licht.

Wenn wir zusammen stehen,

ja dann kriegen sie uns nicht.

Die Kinder finden keinen Schlaf,
die Mägen sind so leer.
Und stricken Frauen spät auch brav –
das schafft kein Fressen her!

Der Reiche sich im Specke dreht.
Der Arme stirbt vor Gram.
Wir wussten nicht, wie's weitergeht,
bis die Gewerkschaft kam.

**Aus dem Berg!, aus dem Berg!, da steigen wir
hinauf ins helle Licht.
Wenn wir zusammen stehen,
ja dann kriegen sie uns nicht.**

Wir kämpfen jetzt geschlossen,
die Fäuste stolz gereckt.
Der Mut bleibt unverdrossen,
ist die Kleidung auch verdreckt.

Die Angst kann uns nicht lähmen,
kein Widerstand uns stört.
Wir wollen uns nur nehmen,
was uns sowieso gehört!

**Aus dem Berg!, aus dem Berg!, da steigen wir
hinauf ins helle Licht.
Wenn wir zusammen stehen,
ja dann kriegen sie uns nicht.**

So ziehen wir mit Kind und Weib
vor der Gewehre Lauf.
Für jeden Mann, der liegen bleibt,
stehn hundert andre auf.

Und die Internationale
erkämpft das Menschenrecht ...
So singen wir bald alle!
Uns geht's gut und ihnen schlecht!

ABSCHIED

Einst wohnten hier Riesen, so mächtig und wild.
Sie hielten den Himmel fest mit ihrem Schild.
Heute zittert von ihrem Tritt das Gras nicht mehr.
Die Berge stehn einsam, die Höhlen sind leer.

Einst wohnten hier Zwerge mit furchtlosem Herz.
Sie schürften nach Edelstein und goldenem Erz.
Heute ruhn die Smaragde tief im Felsgestein.
Die Äxte stehn stumpf. Der Schatten dringt ein.

Einst wohnten hier Elfen, so edel und frei.
Sie sprachen mit Bäumen, wie das Leben so sei.
Heute streift nur der Wind in den Wäldern herum.
Das Leben geht weiter, die Bäume stehn stumm.

Doch die Schrift steht in den Blättern
und am Wegesrand.
Und alles spricht als Zeichen aus diesem Land.
Es ist nichts verloren. Kein Atemzug fehlt.
Die Luft ist ein Wort, das von Wörtern erzählt.

IN DEN WÄLDERN SIND BANDITEN

In den Wäldern sind Banditen,
die reiche Kutschen überfallen.
Und auf den Weltmeeren kreuzen Piraten,
und die Totenkopfflagge weht hoch über allen.

In den Gassen ziehen Ganoven
ihre scharfen Klingen blank.
Und hinter schwarz getönten Scheiben
fahren Gangster still zur nächsten Bank.

In den Ecken dunkler Wege
lagern Wegelagerer herum.
Und in den Wäldern sind immer noch Banditen,
und wenn du nicht aufpasst, bringen sie dich um.

Schweig still, mein Herz.
Hab keine Angst vor der Dunkelheit.
Nichts ist wirklich gefährlich.
Nichts – außer der Zeit.

REGEN UND STURM

nach einem Traditional

Einst kamen zwei Schwestern an den Rhein

Oh durch Regen und Sturm

Die ältere stieß die junge hinein

Da heulten so laut Regen und Sturm

Ein Bursche gab der jungen einen goldnen Ring

Oh in Regen und Sturm

Und schenkte der alten nicht das kleinste Ding

Da heulten so laut Regen und Sturm

So stieß sie ihre Schwester in den Fluss

Oh in Regen und Sturm

Die Fluten gaben ihr einen letzten Kuss

Da heulten so laut Regen und Sturm

Es kam ein Fiedler aus dem Wald

Oh durch Regen und Sturm

Schnitt Locken sich von ihrem Haupt so kalt

Da heulten so laut Regen und Sturm

Er machte einen Bogen aus den Locken sich

Oh in Regen und Sturm

Mit dem er sanft über die Saiten strich

Da heulten so laut Regen und Sturm

Aus den Rippen schnitzte eine kleine Fiedel er

Oh in Regen und Sturm

Darauf zu spielen war nicht schwer

Doch heulten so laut Regen und Sturm

Die Töne waren schrill wie ein Schrei

Oh in Regen und Sturm

Denn der Fiedel einzige Melodei

Klang so wie der heulende Regensturm

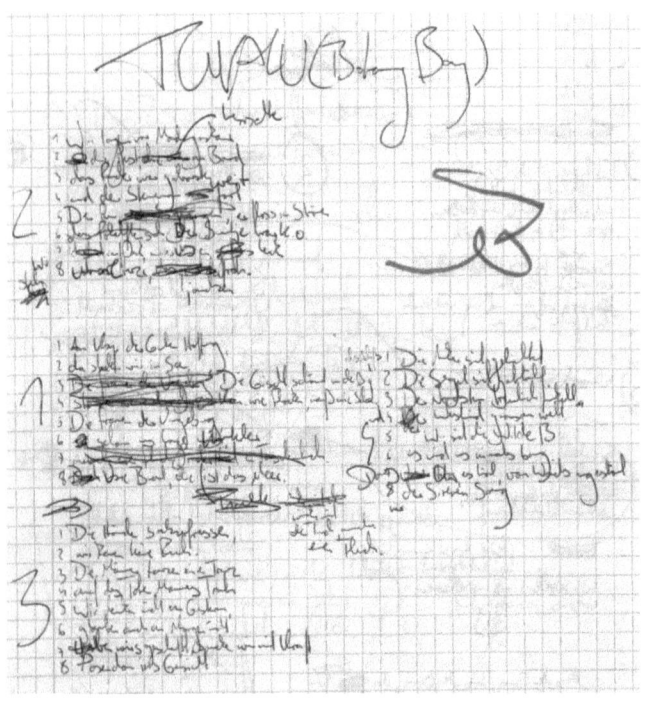

TUVALU

Am Kap der Guten Hoffnung,

da stachen wir in See.

Die Gischt schäumt um den Bug des Schiffs

wie Flocken, weiß wie Schnee.

Die Frauen der Umgebung

schaun uns lange hinterher,

winken mit dem Tuch, murmeln einen Fluch.

Unsre Braut, die ist das Meer.

Wir lagen vor Madagaskar,

die Pest herrschte an Bord.

Das Ruder war geborsten,

der Steuermann weit fort.

Der Rum, er floss in Strömen,

der Smutje war k.o.

Und wir stehn auf Deck, unter uns ein Leck,

unsre Herzen jauchzen froh.

Aber einmal werd ich heimkehrn,

dorthin, wo die Palmen stehn,

wo sie jetzt schon auf mich wartet,

mein Mädchen jung und schön.

Ich werd mein Schiff verlassen,

dreh dem Meer den Rücken zu.

Und ich geh an Land

und ich spür den Sand

am Strand von Tuvalu.

Die Hände salzzerfressen,

wir kennen keine Ruh.

Die Männer tanzen einen Tanz

auf des toten Mannes Truh.

Wir denken nicht an Gestern,

glauben auch an Morgen nicht.

Haben wir's geschafft, spucken wir mit Kraft

Poseidon ins Gesicht.

Die Anker sind gelichtet.

Die Segel sind gebläht.

Der Nordstern treulich funkelt.

Der Westwind grausam weht.

Wir sind die Wilde 13,

es wird uns niemals bang.

Das Ohr, es hört, von Wachs ungestört,

nur der Sirenen Sang.

Aber einmal werd ich heimkehrn,

dorthin, wo die Palmen stehn,

wo sie jetzt schon auf mich wartet,

mein Mädchen jung und schön.

Ich werd mein Schiff verlassen,

dreh dem Meer den Rücken zu.

Und ich geh an Land

und ich spür den Sand

am Strand von Tuvalu.

Wie spricht ich, oh Tracke, sag was fällt euch ein.
"Wie hört ihr was wagen so wenig zu frein?
Ich bin ein Trolle und adlige Lord!
So schweigen, oh Tracke, und eilt hin fort!"

DIE BALLADE VOM TROMMLER

nach einem Traditional

An einem Mittsommertag, sonnig und frei,
ergingen sich zwei Dutzend Frauen am Kai.
Sie trafen Soldaten, und einer davon,
der rührte die Trommel mit silbrigem Ton.

Er schaute die Frauen und sein Herz blieb stehn,
und er sagte zu einem Freund: „Ich hab gesehn
meine Liebe, ich denk an sie früh und auch spat."
So sprach wohl der Trommler zu dem Kamerad.

„So geh zu ihr hin und sag, was sich zutrug,
erklär ihr die Wunden, die ihr Anblick schlug.
Sag ihr, dass ihr Blick steckt tief in deiner Brust,
und dass du, wenn sie ablehnt, bald sterben musst."

So gleich mit dem Morgen erhob sich der Mann
und legte den tiefroten Ausgehrock an.
Ergriff seinen Stock, ergriff seinen Hut
und eilte zum Strand artig grüßend und gut.

Er ging zu ihr hin und sprach ruhig: „Oh verzeiht!

Noch nie hab ich um eine Jungfrau gefreit.

Doch tief in mir drin steckt ihr sanft glühend Blick.

Ich werde wohl sterben, weist ihr mich zurück."

„Wie sprecht ihr, oh Trommler, sagt was fällt euch ein?

Wie könnt ihr es wagen, so um mich zu frein!

Ich bin eine Tochter vom adligen Lord!

So schweigt nun, oh Trommler, und eilet hinfort."

So setzt er den Hut auf, nahm den Stock in die Hand

und sagte fein höflich zur Jungfrau gewandt:

„Lebt wohl, meine Liebe, ich stör euch nicht mehr

und tausch meine Trommel gegen ein Schießgewehr.

Und setz meinem Leben ein End..." Da ruft sie:

„Das wollte ich nicht, Trommler, bleibet doch hie.

Und nehmt mich hinfort und tut, was ihr wollt.

Doch macht nicht, dass euer Blut durch den Sand rollt.

Und dann setzen wir uns auf ein weißes Pferd

und reiten davon fröhlich und unbeschwert

und schließen den Eh'bund und uns wird nie bang –

denn ich fand meine Liebe zu eurer Trommel Klang."

RINGLEIN RINGLEIN

Ringlein, Ringlein, du musst wandern,
du musst wandern hin und her,
von der einen Hand zur andern –
doch zurücke nimmermehr.

Ringlein, Ringlein, du musst wandern,
du musst wandern immerzu,
von der einen Hand zur andern,
ohne Rast und ohne Ruh.

Von dem Norden nach dem Süden
und von Osten dann nach West.
Von der ersten Seebestattung
zu dem letzten Hochzeitsfest.

Von der allerkleinsten Hütte
zu dem größten Traumpalast.
Von des Berges höchster Spitze
zu des Baumes dünnstem Ast.

Wandre von der heißen Wüste
rasch zum großen blauen Meer.
Von der buntgeschmückten Jurte
hin zum Wigwam, bitte sehr.

Von der Wiege an die Bahre,
von der Bronx bis ins Tessin.
Dann von gestern flink nach morgen –
und von mir wandre zu ihm.

Ringlein, Ringlein, du musst wandern,
du musst wandern immerzu,
von der einen Hand zur andern,
ohne Rast und ohne Ruh.

Ringlein, Ringlein, du musst wandern,

du musst wandern hin und her,

von der einen Hand zur andern –

doch zurücke nimmermehr.

LÖWENZAHNWEIN

für Ray Bradbury

Hier stand grad noch ein Zirkuszelt.
Der Eintritt kostete kaum Geld.
Doch weiter zieht die ganze Welt,
wenn die Clowns die Stadt verlassen.

Die Zeltbahn zeigte manchen Stern.
Die funkeln und die leuchten gern.
Jetzt sind sie sicherlich schon fern,
wenn die Clowns die Stadt verlassen.

Ein Hauch von Nüssen und Konfekt
hat sich noch in der Luft versteckt.
Nun wird er bald vom Ruß verdeckt,
wenn die Clowns die Stadt verlassen.

Der starke Mann war drüben dort.

Jetzt packt er die Gewichte fort

und fährt an einen andren Ort,

wenn die Clowns die Stadt verlassen.

Die Dame ohne Unterleib,

die flehte mich an: „Bitte bleib!"

Ich sagte, dass ich ihr bald schreib,

wenn die Clowns die Stadt verlassen.

Nur Reste noch von Löwenzahnwein

Nur Reste noch von Löwenzahnwein

Nur Reste noch von Löwenzahnwein

Wenn die Clowns die Stadt verlassen

Nur Reste noch von Löwenzahnwein

Nur Reste noch von Löwenzahnwein

Nur Reste noch von Löwenzahnwein

Wenn die Clowns die Stadt verlassen

Das Sägemehl weht noch im Wind,

wo Pferde einst gelaufen sind.

Am Rand steht ganz allein ein Kind,

wenn die Clowns die Stadt verlassen.

Your Long Journey
Die Reise

Geh hell in grau ... mit ... des Glücks
...
und als die ... dich ... sanft dahin.
bleib ich ... gefangen stehn.
im Stich

Oh mein Herz ... weint
Mein Herz ... weint
~~...~~ auf der Reise weint
denn ich flieg dir auf deine Reise nach

Oh die Tage sind leer und
die Nächte so lang – ... in den Nil.
Aber Gott halt dich in sich ... seine Hand so fest
und das hilft mir – ... weh

Oh mein Herz weint
Mein Herz weint
denn ich flieg dir auf deine Reise nach

... noch genau, jede Schluß, jeder Tritt,
den Du ... ... und ...
Und in ... wandelt ... in Einsamkeit
wenn ich kann ... an Dich, meine Tage, an dir

Oh mein Herz weint
Mein Herz weint
In der Stille ... es ... auf die Reise weht

They love ...

46

DIE LANGE REISE

nach einem Traditional

Gott hat uns gesegnet mit Jahren des Glücks.

Jetzt musst du gehn.

Und als die Engel geleiten dich sanft dahin,

bleib ich im Dunkeln gefangen stehn.

Oh mein Herz bricht.

Mein Herz bricht.

Denn ich folg dir auf deiner Reise nicht.

Oh die Tage sind leer und

die Nächte sind lang – ohne dich in der Näh.

Aber Gott nahm dich zu sich mit seiner Hand so fest,

und das tut mir im Innersten ach wie weh.

Oh mein Herz bricht.

Mein Herz bricht.

Denn ich folg dir auf deiner Reise nicht.

Ich weiß noch genau jeden Schritt, jeden Tritt,

den du gingst hier mit mir.

Und wir werden wandeln in der Ewigkeit,

wenn ich komme am End meiner Tage zu dir.

Oh mein Herz lacht.

Mein Herz lacht.

In der Stunde, da es sich auf die Reise macht.

DIE RÜCKKEHR DES KÖNIGS

Meine Zunge wird laut singen

Wenn dann mein König wiederkehrt

Meine Augen werden leuchten

Wenn dann mein König wiederkehrt

Meine Arme werden frei sein

Wenn dann mein König wiederkehrt

Meine Füße werden tanzen

Wenn dann mein König wiederkehrt

Mein Herz wird frohlocken

Wenn dann mein König wiederkehrt

Meine Zunge wird laut singen

Wenn dann mein König wiederkehrt

Es war an einem Feiertag
~~das~~ dieses ist gedacht;
als Musgrave in die Kirche ging,
die schöne Frau zu sehn.

DIE BALLADE VOM MUSGRAVE

nach einem Traditional

Es war an einem Feiertag,

da dieses ist geschehn;

als Musgrave in die Kirche ging,

die schönen Fraun zu sehn.

Wohl manche trugen roten Samt

und manche Samt so grau.

Als letzte kam Lord Barnards Weib,

das war die schönste Frau.

Sie winkte mit den Äugelein

und lächelte im Scherz,

da sagte Musgrave zu sich selbst:

„Ich hab der Schönen Herz."

„Ich liebte dich, oh mein Musgrave,

seit längst vergangnem Tag."

„Und ich lieb dich, du schöne Frau,

auch wenn ich das nie sag."

„Ich hab ein kleines Gartenhaus,
dort wird mein Herz mir weit.
Ich nehme euch dorthin mit mir
und lieb euch allezeit."

Doch in der Näh ein Page stand,
der hörte dies mit an.
„Mag ich zwar dienen seiner Frau,
bleib ich Lord Barnards Mann.

Mein Lord Barnard soll das erfahrn,
friert auch die Hölle ein!"
Er sprachs und hüllte sich ganz fest
in seinen Mantel ein.

„Mein Lord Barnard, mein Lord Barnard,
ihr seid ein wahrer Mann!
Doch Musgrave fasst nicht weit von hier
grad eure Ehfrau an."

„Ist dies die Wahrheit, guter Mann,

die du mir so darbringst,

dann will ich baden dich in Gold,

dass du darin versinkst.

Doch ist es Lüge, die du sprichst,

und Falschheit ganz und ganz,

so lädt dich alsbald Meister Hanf

wohl ein zum letzten Tanz.

Schnell sattel mir mein schwarzes Pferd

und auch die grauen all!

Doch stoß, ich bitt dich, nicht ins Horn,

sonst warnt ihn noch der Schall!"

Ein Mann, der Barnard folgen tat,

der liebte Musgrave stet.

Er blies ins Horn ganz laut und schrill:

„Oh flieh, so schnell es geht!"

15 Des falke stet auf seinen Platz,
de Rappe ruhig frißt
nicht friets, dann in del iale aber rasch
damit mir's warmer ist "

„Mich dünkt, ich hör des Morgens Hahn,
die Lerche hör ich schrein.
Vielleicht ist es auch Lord Barnard!
Darf niemals nicht hier sein."

„Bleib still, bleib still, oh mein Musgrave,
's war nicht der Lerche Klang.
Bleib still, ich glaub, es war wohl nur
der Nachtigall Gesang.

Der Falke sitzt auf seinem Platz.
Der Rappe ruhig frisst.
Mich frierts, drum rücket näher rasch,
damit mir's wärmer ist."

So legte er sich eng an sie
und küsst sie wie im Traum.
Als sie erwachten, stand Barnard
und auch sein Trupp im Raum.

Er sprach: „Gefällt mein Bett euch gut,

das Tuch, in dem ihr liegt?

Und wie gefällt euch meine Frau,

an die ihr euch anschmiegt?"

„Ich mag sehr euer Bett, mein Herr,

und diesen ganzen Ort.

Doch gäb ich wohl einhundert Pfund

wär ich jetzt weit weit fort."

„Erhebt euch aus den Laken nun,

die Blöße flugs bedeckt!

Ich habe eine Strafe nie

am nackten Mann vollstreckt."

Langsam stand da Musgrave auf.

Er legt die Kleidung an.

Und Barnard folgend fühlte er

des Todes Hand so klamm.

„Hier sind zwei Schwerter hoch an Wert,
mit Edelstein besetzt.
So wählt euch nur das beste aus!
Ich nehm mir meins zuletzt."

Beim ersten Schlag, den Musgrave tat,
Lord Barnard wankte sehr.
Doch als dann Lord Barnard zuschlug,
schlug Musgrave nimmermehr.

„Wie mögt ihr seine Wangen nun,
wie mögt ihr jetzt sein Kinn?
Wie mögt ihr seinen Körper kalt,
da gar kein Leben drin?"

„Viel mehr mag seine Wangen ich,
den Körper ohne Glut.
Viel mehr mag ich sein starkes Kinn
als euer Hab und Gut."

Er nimmt sein langes, langes Schwert,
die Kling im Feuer blinkt.
Und mitten durch ihr heißes Herz
das kalte Eisen dringt.

Dann rief Lord Barnard schreiend aus,
mit bitterem Gemüt:
„Meine Frau legt über ihn ins Grab,
sie war von rein Geblüt!

Ich tötete den besten Mann,
der je die Lande ritt.
Und tötete die beste Frau,
die Frauenliebe litt."

Es war an einem Feiertag,
da dieses ist geschehn;
als Musgrave in die Kirche ging,
die schönen Fraun zu sehn.

DAS LIED VON DER KRÖTE

nach einer Dessauer Sage

Ein Mägdelein mit Krone
saß früh auf dem Balkone,
als aus der Morgenröte
sprang eine grüne Kröte.

Weil's einsam war auf Erden,
wollt's seine Freundin werden
und spielte auf der Flöte
ein Lied der grünen Kröte.

Die Kröte, so kann's gehen,
konnt' in die Zukunft sehen.
„Du kommst in arge Nöte!"
Das sprach die grüne Kröte.

„Acht' auf die Kohlen allen,
die vor den Ofen fallen,
weil sonst dich's Feuer töte!"
So warnt' die grüne Kröte.

🌑 Strophe

tik ④

~~Flök~~ Flök ②

Morzerick ①

6ök ③

Goelle ⑤

hök

Nih ②

10k ▓▓▓

Gerettet war das Madel
und dachte, weil's von Adel,
was sie am besten böte
zum Dank der grünen Kröte.

Es wollte sie belohnen
und ließ sie deshalb wohnen
im Buchregal bei Goethe.
Da freute sich die Kröte.

OKTOBER

James ist weggezogen seit sehr langer Zeit.

Sein Haus steht verlassen, zum Abriss bereit.

Er ist jetzt im Klondike und schürft dort nach Gold.

James hat schon seit Jahren nichts als fortgewollt.

Bill nahm den Expresszug einst im Morgengraun

und fuhr nach Nebraska, ohne sich umzuschaun.

Er fängt Klapperschlangen und melkt sie für Geld.

Bill hat ihn gefunden, seinen Platz in der Welt.

Jack ritt aus der Stadt und kam nie mehr zurück.

Frank folgte dem Wind auf der Suche nach Glück.

Joe heuerte auf einem Schmugglerkahn an.

Es ist keiner mehr da, weder Frau, Kind noch Mann.

Nur Schatten sind geblieben, sehn zum Fenster herein.

Ich wär hier allein mit meinem Glas Wein.

Ich wär hier allein mit meinem Glas Bier.

Doch ich trinke und singe, denn du bist noch hier.

Oktober

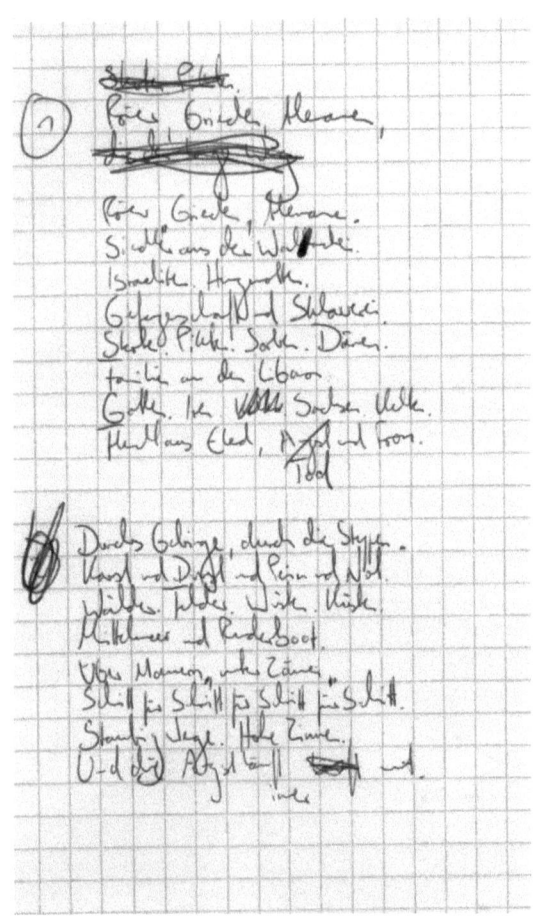

FREUND

Römer. Griechen. Alemannen.

Siedler aus der Walachei.

Israeliten. Hugenotten.

Gefangenschaft und Sklaverei.

Skoten. Pikten. Sorben. Dänen.

Frauen aus dem Libanon.

Gothen. Iren. Sachsen. Kelten.

Flucht vor Elend, Tod und Fron.

Die Tür für dich steht offen weit.

Kaffee und Brot sind schon bereit.

Nimm Platz, du wirst ermattet sein.

Sprich Freund und tritt ein.

Durchs Gebirge, durch die Steppen.

Karst und Durst und Pein und Not.

Wälder. Felder. Wüsten. Küsten.

Mittelmeer und Ruderboot.

Über Mauern, unter Zäunen.

Schritt für Schritt für Schritt für Schritt.

Staubig Wege, hohe Zinnen.

Und die Angst läuft immer mit.

Vögel folgten ihren Zügen,

oben hoch am Firmament.

Knochen bleichten in der Sonne,

deren Namen niemand kennt.

Und so flohen ganze Völker

vor Vandale und Barbar.

Burgen stehn heut als Ruinen,

deren Tor verschlossen war.

DER WIRT UND DER TOD

Es war einmal vor langer Zeit

in einem Ort, nicht gar so weit,

ein Wirtshaus stand

am Waldesrand,

dort waren Bier und Wein bereit.

Der Wirt tat, was ein Wirt tun soll,

er füllte alle Gläser voll.

Bis obenhin

war Lager drin.

Und Ale und Pils und Guiness toll.

Beim Trinken war, mit großer Hast,

der Wirt höchstselbst sein bester Gast.

Ein Rum, ein Gin,

ein Kräuter drin –

so schultert er des Lebens Last.

Der Schweiß, er perlt ihm auf der Stirn,

dahinter toben Schicksals' Wirrn.

Tagein er soff,

tagaus, da troff

Schaum aus dem Bart ihm auf den Zwirn.

Da kam, wer hätte das gedacht,

ein Fremder aus tiefschwarzer Nacht.

Und legt sogar

Gold auf die Bar;

genießt das Bier wohl mit Bedacht.

Erst trank er still, dann lud er ein

den Wirt, am Tisch sein Freund zu sein.

„Komm her, heb hoch,

trink noch und noch!"

sprach er mit einem Lächeln fein.

Des Fremden Antlitz war verdeckt,

Aug, Nase und auch Ohr versteckt,

die Stimme tief,

mit der er rief:

„So gut hat mir noch nichts geschmeckt!

Ich schufte spät noch in der Nacht,

von Steg zu Steg bring ich die Fracht.

In eigen Sinn

ich Fährmann bin.

Dein Bier mich wieder kräftig macht."

Dem Wirt wird seltsam da zumut,

doch Bier, es mundet gar so gut.

So schenkt er ein,

auch süßen Wein,

und trinkt und stärkt sich seinen Mut.

Dann wurde ihm der Kopf so schwer.

Der Fremde blickte still umher

und trank ruckzuck

den letzten Schluck

und ging. Und kam nie wieder mehr.

Im allerersten Morgenrot

schrie Wirtens Frau: „Ach sapperlot!

Du schläfst wie'n Bär!"

Sie pickt ihn sehr.

Jedoch der Wirt war mausetot.

Und die Moral? So hört's euch an!

Gut, wenn man's Saufen lassen kann!

Nimmt's doch den Lauf,

so sag ich, sauf

mit mir! Und nicht dem Sensenmann.

DRACHENTÖTER KÖNIGSKINDER

Wir haben mit Rittern und Riesen gerungen.
Wir stiegen hinab in Tal und in Flut.
Wir haben uns jeden Tribut ausbedungen,
befreiten die Dörfer von Unhold und Brut.
Und noch immer bist du's, die vertreibt die Gespenster,
stellst du eine Kerze hinein in das Fenster.

Wir haben zusammen die Drachen erschlagen,
den Goldschatz der Männer des Nordens gestohln.
Wir sind jetzt der Stoff von Märchen und Sagen,
doch niemand kann uns diese Zeit wiederholn.
Und noch immer fühl ich, wie du mein Schicksal hältst,
wenn du eine Kerze mir ins Fenster stellst.

Dein Rücken ist krumm nun so wie eine Senke,
die Kämpfe sind damit für dich allvorbei.
Die Gicht kriecht ganz langsam in meine Gelenke
und Finger mein klamm lassen Schwerter all frei.
Aber fest hältst du immer noch bei Dir mein Herze,
stellst du in das Fenster für mich eine Kerze.

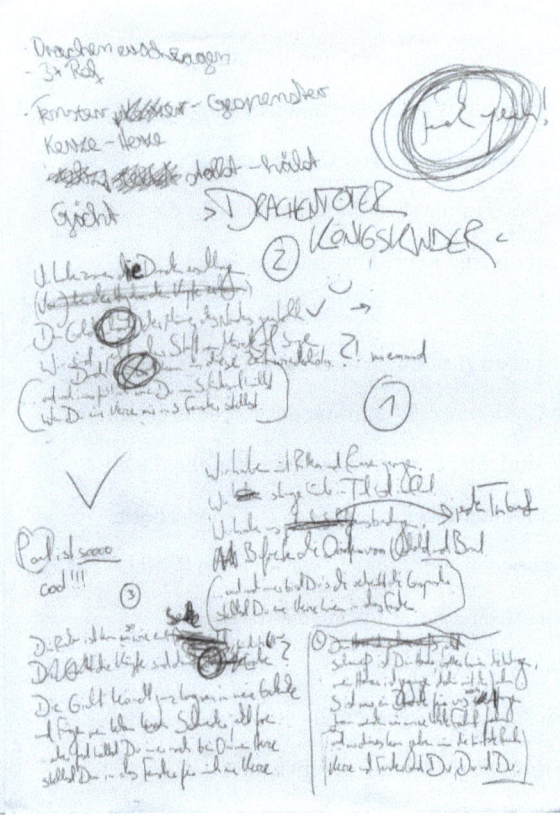

Schneeweiß ist dein Haar, voller Linien die Wangen,

mein Haar ist gegangen dahin mit den Jahrn.

's ist nur ein Drache für uns noch zu fangen,

dann werden wir unsere letzte Fahrt fahrn.

Und nur dieses kann geben mir die tiefste Ruh:

Fenster und Kerze und du, du und du.

LICHTUNG

Steige mit mir ins Gebirge.

Lieg mit mir im grünen Moos.

Lass uns die Höhlen begehen.

Schlafen in des Waldes Schoß.

Atme tief in allen Tannen.

Tritt in die Nebel hinein.

Brich mit mir jedwede Blume.

Quellwasser sei unser Wein.

Hör auf das Heulen der Wölfe.

Folge dem Mittsommermond.

Lass uns uns im Tau verlieren,

der alle Baumwipfel kront.

Steige mit mir ins Gebirge,

verschmelzend mit felsigen Landen.

Blicke erhellen das Innen.

So gehn wir der Welt bald abhanden.

BRUDER

Komm her, alter Zöllner, rück näher heran.
Du warst ein vom Kaiser gedungener Mann.
Nahmst Geld den Familien, trugst Elend herein.
Ich kam auf die Welt, um dein Bruder zu sein.

Komm her, schöne Dirne, und setz dich zu mir.
Geschmeide und Schmuck gaben sie für dich dir.
Sie konnten dich tage- und nächtelang frein.
Ich kam auf die Welt, um dein Bruder zu sein.

Und du hast gebrochen einst der Ehe Band.
Gingst fort eines Tags über staubiges Land.
So bette dein Haupt sanft an der Schulter mein.
Ich kam auf die Welt, um dein Bruder zu sein.

Ihr Diebe und Lügner und Sünder, herbei.
An meinem Tisch ist stets ein Platz für euch frei.
Ich teil mit euch Brot. Ich teil mit euch Wein.
Ich kam auf die Welt, euer Bruder zu sein.

SCHWESTERN

1 Wir waren zwei gelb ~~es~~ seit de~~m~~ ich Tag.

2 Und ~~...~~ sind die ~~...~~ Erde lag von uns ihre Stille.

3 Du schlossest die Auge ~~...~~ auf ein Stern.

4 ~~Im Dunkel~~ ~~...~~ ~~...~~ Es [ist] Du ~~...~~ ganz allein.

Bleib Schwester, bleib Schwester, bleib bei mir.
Ich bin so allein und ich seh ich noch Dir.
?Kann ich kann ich auf ich halte eine Hand.
Von dich ~~...~~ hab ich ich erkannt.

Als Und ~~...~~ ich Dich oft im Schlaf ~~...~~ benennt.

~~...~~

~~...~~ lächel, Dein Wille, Dein Blick, Dein Wort.

Du selbst ich ~~...~~ an ~~...~~ zeigst ~~...~~ wieder fort.
leis

2 BM !

Die Ruhige hat uns die
Stille verstört.

SCHWESTERN

Wir waren zu zweit schon seit dem ersten Tag.

Und fühlten den Einklang von zwei Herzen Schlag.

Du schlossest die Augen. Hörtest auf zu sein.

Im Mutterleib ließest du mich ganz allein.

Bleib Schwester, bleib Schwester, bleibe bei mir.

Ich bin einsam hier und ich sehn mich nach dir.

In deinen Augen hab ich mich erkannt.

Komm näher, komm näher und halt meine Hand.

Als Kind hab ich dich oft im Schatten bemerkt.

Dein Ruhigsein hat nur die Stille verstärkt.

Kein Lächeln. Kein Winken. Kein Blinzeln. Kein Wort.

Du sahst mich nur an und gingst leis wieder fort.

Du wandertest schweigend mit meins Lebens Lauf.

Du schautest zum Fenster der Schule herauf.

Du kamst mich besuchen in der Hochzeitsnacht.

Du warst immer da. Du hieltest die Wacht.

Bleib Schwester, bleib Schwester, bleibe bei mir.

Ich bin einsam hier und ich sehn mich nach dir.

In deinen Augen hab ich mich erkannt.

Komm näher, komm näher und halt meine Hand.

Die Jahre vergingen. Du rücktest heran.

Als wolltest du, dass ich dich erspüren kann.

Staubgrau waren Zöpfe geflochten als Zier.

Die Haut alabastern wie Seidenpapier.

Dein Rock warf bald Falten. Drin wohnte die Nacht.

Zerbrochen dein Mund, mit dem du nie gelacht.

Und dunkel und dunkler, so wurde dein Blick.

Du bliebst meine Schwester. Du bleibst mein Geschick.

Jetzt seh ich dich warten dort am Waldesrain.

Du kommst mich zu holen und bei dir zu sein.

Ich fühle mich schwinden. Aus Zwein wird ein Wir.

Schwester! Oh Schwester! Ich fürcht mich vor dir.

AM ENDE

Wenn ich dereinst gestorben bin

mit hundertfünfzehn Jahrn

und liege auf der Bahre still,

soll in die Grube fahrn –

so kommt vorbei, ihr Freunde mein,

bringt Wein und Kirschschnaps mit

und tanzt auf meinem Grabe dann

den letzten wilden Ritt!

Feiert mit mir mein ganzes langes Leben!

Feiert die Tage, die da sind vorbei!

Hab nichts erreicht auf dieser Welt,

das das Erinnern lohnte,

drum springt und winkt und trinkt und singt,

nun bin ich endlich frei.

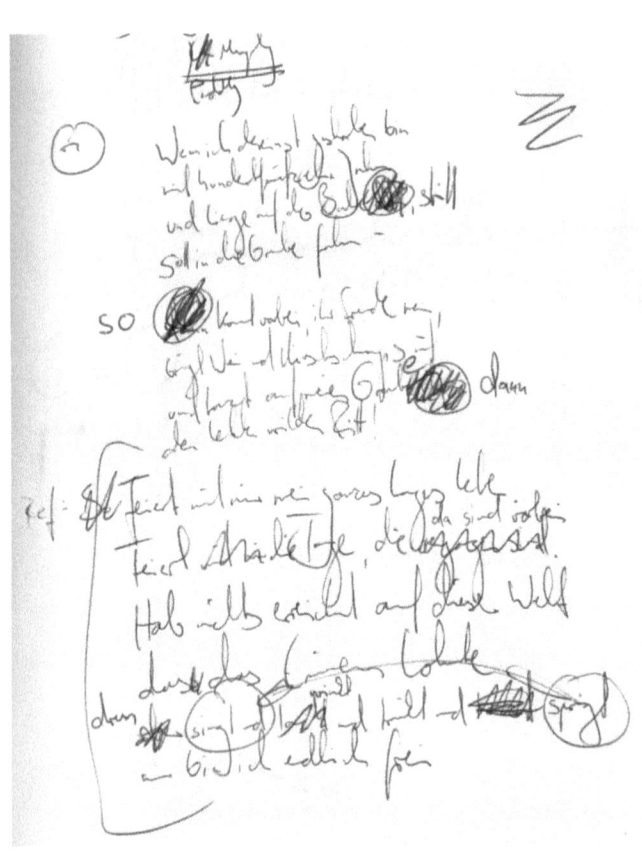

Hab nie gebaut aus Eichenholz

ein schwarz gepechtes Fass

und habe es versenkt sodann

in eines Flusses Nass,

bin eingestiegen voller Mut,

was alle Leute sahn,

und trieb nen Wasserfall hinab...

– das hab ich nie getan!

Feiert mit mir mein ganzes langes Leben!

Feiert die Tage, die da sind vorbei!

Hab nichts erreicht auf dieser Welt,

das das Erinnern lohnte,

drum springt und winkt und trinkt und singt,

nun bin ich endlich frei.

Ich wohnte nicht auf einem Hof

an Bauch und Krume satt

und unter mir so mancher Knecht,

der nur zu ackern hat.

Ich ritt auch niemals los geschwind,

um Heldentat zu tun.

Prinzessinnen sind mir ganz gleich –

solln die doch weiterruhn!

Feiert mit mir mein ganzes langes Leben!

Feiert die Tage, die da sind vorbei!

Hab nichts erreicht auf dieser Welt,

das das Erinnern lohnte,

drum springt und winkt und trinkt und singt,

nun bin ich endlich frei.

Bin nicht geworden Kosmonaut,

ging nicht zur Feuerwehr,

pflanzt keinen Baum, baute kein Haus,

hatt' weder Ruhm noch Ehr.

Ich hatte nichts von alledem,

was allen wichtig scheint,

drum weiß ich heut schon: Dies Leben

hat's gut mit mir gemeint!

LACHSE

für Marcus und Thomas

Wenn Lachse den Fluss hinabschwimmen

und blau blühn die Bäume im Wald.

Wenn Mägde in den Schlössern wohnen

und Schnee heiß ist und die Glut kalt –

Wenn Wolken ziehn über den Boden,

eine Maus ein Gebirge bewegt,

sich Rebhuhn und Kater umarmen

und Feuer und Wasser verträgt –

Dann stehen die Tore weit offen

von den Kirchengärten umher.

Die Gottesäcker sind unbepflanzt

und alle Friedhöfe leer.

Wenn Schneeflocken falln an Johannis

und Rost alle Ketten zerfrisst.

Wenn die Letzten dann werden die Ersten.

Wenn nichts sich auf Heller bemisst –

Wenn Sonne und Mond tauschen Plätze

und Sternzeichen ändern den Tanz.

Wenn alles, was alt war, nun neu wird

und alles Geborstene ganz –

Dann stehen die Tore weit offen

von den Kirchengärten umher.

Die Gottesäcker sind unbepflanzt

und alle Friedhöfe leer.

AUF DER FLUCHT

Wellen brechen an den Planken,

dich gedrängt, keiner kann wanken,

stehen Menschen dort in Massen,

müssen Haus und Hof verlassen,

weil sie anders glaubten, dachten,

weil die Mängel Hunger machten,

angsterfüllt, doch singet leise

aus der Bilge eine Weise:

Ich fordere, mein Glück zu machen.

Ich will an deine Ufer treiben.

Hier leben, lernen, lieben, lachen.

Ich bin gekommen, um zu bleiben.

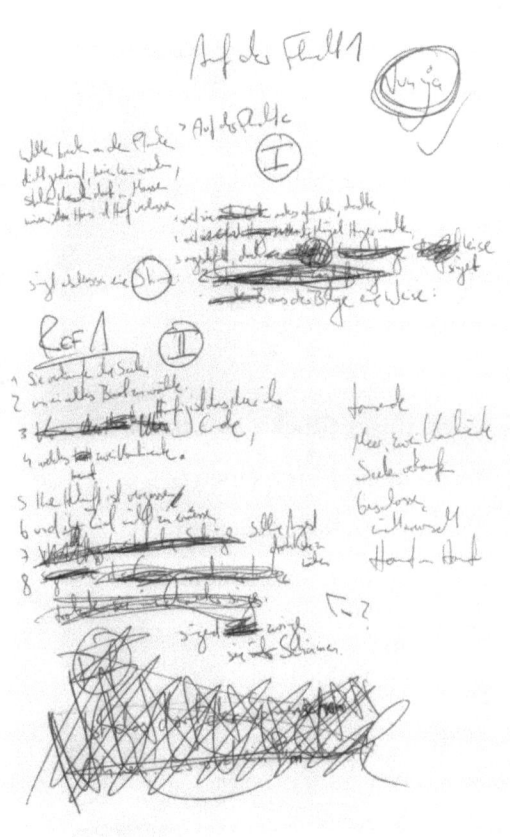

Sie verkaufen ihre Seelen,

um ein altes Boot zu wählen.

Häufig ist das Meer ihr Ende,

welches trennt zwei Kontinente.

Ihre Herkunft ist vergessen

und ihr Ziel nicht zu ermessen.

Schlimme Angst droht sie zu lähmen.

Singend zwingen sie ihr Schämen:

Wir fordern, unser Glück zu machen.

Wir wolln an deine Ufer treiben.

Hier leben, lernen, lieben, lachen.

Wir sind gekommen, um zu bleiben.

Schulze, Lehmann, Walther, Meier.

Sachse, Preuße, Hesse, Bayer.

Aus Berlin, aus Frankfurt, Dresden,

ziehen sie per Schiff nach Westen,

um von vorne zu beginnen,

endlich einmal zu gewinnen.

Als die Fackel wirft die Flammen,

singen alle nun zusammen:

Wir fordern, unser Glück zu machen.

Wir wolln an deine Ufer treiben.

Hier leben, lernen, lieben, lachen.

Wir sind gekommen, um zu bleiben.

WAS BLEIBT

Wenn Trauer mein ein klein Wildvögelein wär,

dann ließ ich es fliegen auf dem Erdenrund umher

und hoffte, es sänge laut sein Lied unbedrängt,

bis endlich dann die Katze zum Mahle es sich fängt.

Wenn mein Leiden auch wär ein vielkantig schwerer Stein,

dann trüg ich ihn ganz tief in die Berge schwarz hinein

und wartete aufs gnädige unendlich Wirken der Zeit,

die mahlet zu Staub ihn dann in der Ewigkeit.

Und fiel meine Liebe so sanft als wie Mittwinterschnee,

dann wär alles strahlend weiß so weit wie ich seh.

Ich wandelte darin so lang, wie's mich freut und mir frommt,

und wartete doch darauf, dass der Frühling bald kommt.

Aber da ja nicht sein kann, was nicht sein kann niemals nicht,

ist es weiter am Abend dunkel und am Morgen wird Licht.

Und die Wolken bleiben droben dort am Himmelsgevier

und weit unten, da rauschen Wellen, und ich bleibe allhier.

BÄRENSCHLAF

Seit Wochen herrscht schon tiefste Nacht

voll weiter, weißer, weicher Pracht.

Es liegt der Schnee so deckenschwer.

In seiner Höhle schläft der Bär.

Glasklares Eis hängt im Geäst.

Es friert der Fluss in Brocken fest.

Und Stille wispert ringsumher.

In seiner Höhle schläft der Bär.

In seiner Höhle schläft der Bär

und träumt, dass es schon Sommer wär.

Sein Herz hört fast zu schlagen auf.

Das Jahr geht leise seinen Lauf.

Es hält ihn fern von Ach und Weh
die hohe Wand aus festem Schnee.
Er ruht allein. Die Nacht steht Wehr.
In seiner Höhle schläft der Bär.

In seiner Höhle schläft der Bär
und träumt, dass es schon Sommer wär.
Sein Herz hört fast zu schlagen auf.
Das Jahr geht leise seinen Lauf.

Da. Unvermittelt. Auf einmal
dringt sacht ein erster Sonnenstrahl
hinein und taut sein Herz so schwer.
In seiner Höhl' erwacht der Bär.

In seiner Höhl' erwacht der Bär
und spürt, dass es bald Sommer wär.
Das Jahr geht leise seinen Lauf.
Es schlägt der Bär die Augen auf.

ZITHER-REINHOLD-LIED

nach der Vita von Reinhold Lohse,

hallescher Straßenmusiker (1878-1964)

Vorm halleschen Kaufhause „Ritter"

saß Reinhold gelehnt an die Wand.

Er spielte verträumt auf der Zither,

wurd „Zither-Reinhold" genannt.

Ob's Sommer war oder auch Winter,

hat Reinhold jedoch nie gewusst.

So zupfte er „Lenz" im Dezember

und auch „Stille Nacht" im August.

Geboren ward er einst in Halle,

erkrankte mit neun Jahren schwer.

Gebrechen heilten Ärzte ihm alle,

doch sein Geist wuchs ab da niemals mehr.

So spielt er mit kindlich Gemüte

und mit stolzgeweiteter Brust.

Er schloss vor der Sonne die Augen

und sang „Stille Nacht" im August.

Dem steinernen Händel zu Füßen
und vor der „Pfau"-Bäckerei.
Die Klänge des Alltags zu süßen,
die Zither war immer dabei.

Im Mundwinkel die Zigarette
und ein Lächeln voll Einfalt und Lust –
So hatt' er, was jeder gern hätte,
und sang „Stille Nacht" im August.

Er lebte von kleinen Geschenken
und von seiner Zither Musik.
Wir wollen hier Reinhold gedenken,
der machte aus Straßenlärm Glück.

Vor fünfzig Jahrn ist er gegangen,
ein Ende hat kommen gemusst.
Doch singen wir weiter noch heute
leis „Stille Nacht" im August.

Was sehr in mir von Erlebten ... halblaut... Zweck...
~~dann...~~
Gib solche es, was, die zum Teile,
und sey Stille Nacht im Angel.

① Vo~

② Haolun

③ Stroh

④ (Urippe)

⑤ Khind

STROH

So sieh dies kleine Weizenkorn,
wie es sich in die Erde schmiegt,
wie ruhig es schlafend sich bemüht
und wartend in der Krume liegt.

So sieh den schmalen Weizenhalm,
der stille sich nach oben reckt,
der wächst und groß wird und gedeiht
und sehnend sich zur Sonne streckt.

So sieh die goldnen Ähren an,
die alle auf der Tenne ruhn,
auf dass die Bauern dann alsbald
bedächtig ihre Arbeit tun.

So sieh das saftig helle Stroh.
Sie legens in die Kripp' hinein.
Es soll als Futter dienen jetzt.
Es soll den Tieren Nahrung sein.

So sieh den Esel. Sieh den Ochs.

So sieh den Stall, wo Menschen sind.

Und doch: Vor allem sieh das Stroh.

Und auf dem Stroh, da ruht ein Kind.

Die Welt, sie dreht sich in der Nacht.

Die Welt, sie hält schon lang die Wacht.

Die Welt, sie flüstert leise: Wann?

Es hält die Welt den Atem an.

FEINSLIEB

Der Himmel droben kündet Dunkel nur.

Der Wald steht schwarz und schweigt.

Ich lausch in die Vergangenheit hinein,

den Kopf ganz sacht geneigt.

Im Norden blinkt ein schwaches Licht,

kaum sichtbar, nur erfühlt.

Ich schau hinauf und lehne mich ans Glas,

das mir die Stirne kühlt.

Die Bilder wandeln langsam ihren Weg.

Ein Wagen und ein Stier.

Das Schwert am Gürtel zeigt ins Nirgendwo,

und Nirgendwo ist hier.

Das Dach der Welt, es funkelt matt

und birgt ja doch nur mich.

Der Atem flockt zu kalten Wolken aus.

Kein Du. Kein Wir. Ein Ich.

Das Zimmer ist seit Jahren schon leer,

in dem du einst gewohnt.

Wo da die Sommersonne schien,

steht jetzt der Wintermond.

Als letztes bleibt ein Schattenspiel,

das dich nicht länger kennt.

Nur in mir strahlst du hell für alle Zeit.

Ein Stern am Firmament.

Feinslieb, du bist gegangen von mir,

und ich find keine Ruh.

Die Sterne ziehen leise ihre Bahn.

Mit ihnen ziehst auch du.

blinkt

1 Im Norden noch ~~stet~~ ein schwaches Licht
2 vor Milch uns Licht ~~[...]~~ und bleiche
3 Ich schlinauf, ~~[...]~~ aus Glas,
4 das in die Stirne leuchtet.

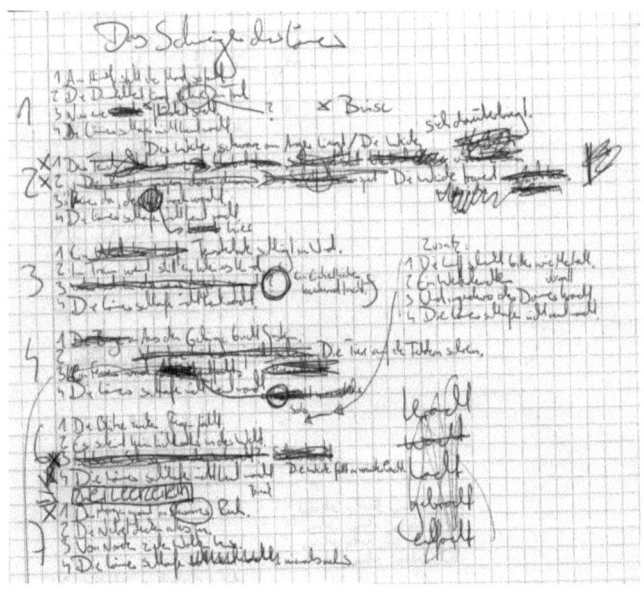

DAS SCHWEIGEN DER LÄMMER

Am Himmel steht der Mond so fahl.

Die Dunkelheit ruht schwer im Tal.

Nur eine Brise flüstert sacht.

Die Lämmer schlafen nicht heut Nacht.

Der Weiher schwarz am Anger liegt.

Die Weide sich darüberbiegt.

's ist keiner da, der hier noch wacht.

Die Lämmer schlafen nicht heut Nacht.

Ein Fensterladen schlägt im Wind.

Im Traum weint still ein kleines Kind.

Ein Eichelhäher keckernd lacht.

Die Lämmer schlafen nicht heut Nacht.

Aus dem Gebirge bricht Gestein.

Die Tiere auf den Feldern schrein.

Kein helles Feuer wird entfacht.

Die Lämmer schlafen nicht heut Nacht.

Die Luft schmeckt bitter wie Metall.

Ein Wetterleuchten überall.

Und irgendwo der Donner kracht.

Die Lämmer schlafen nicht heut Nacht.

Die Blitze zucken, Regen fällt.

Es scheint kein Licht mehr in der Welt.

Die Weide stürzt in wüster Pracht.

Die Lämmer schlafen nicht heut Nacht.

Der Morgen graut in stummer Ruh.

Die Nebel decken alles zu.

Vom Norden ziehen Wolken her.

Die Lämmer schlafen niemals mehr.

KIRCHENCHOR

Leise setz ich meine Schritte
zu der Tür der Liebsten hin,
denn es steht, so ist es Sitte,
nach viel Küssen mir der Sinn.

Halt den Atem wie gewöhnlich,
seh schon ihrer Kammer Licht,
als die Stufe knarrt vernehmlich
und ihr Vater mich erwischt.

Ich schlag das Buch zu, weil ich muss,
weit vor dem Happy End am Schluss.
Ich ess Gemüse unbesehn
und lasse doch den Nachtisch stehn.
Und ich verlass die Kirch geschwind,
bevor der Chor sein Lied beginnt.

Komm mit einer Leiter wieder,

steig die Stiege still empor,

seh bereits ihr weißes Mieder,

als ihr Vater stürzt hervor.

Ich dreh den Radiosender fort

und hör nicht den Finalakkord.

Steig aus dem Zug, behend und schnell,

ganz kurz vor der Endhaltestell.

Und ich verlass die Kirch geschwind,

bevor der Chor sein Lied beginnt.

Und im Wald, es muss doch werden,

da der Liebe Feuer brennt.

Ach! 's gibt keinen Ort auf Erden,

den ihr Vater gar nicht kennt.

Mein armer, bunter Pinsel hier

berührt nie Aquarellpapier.

Ich sä und düng und ernte fein

und fahr doch nie die Ernte ein.

Und ich verlass die Kirch geschwind,

bevor der Chor sein Lied beginnt.

EINFACHES SCHLAFLIED

So langsam wie Honig gerinnt die Zeit.

Schlaf ruhig, ich halte die Wacht.

Vorm Fenster herrscht keine Dunkelheit.

Dort ist es einfach nur Nacht.

Nur Kleider allein sind im Wandschrank drin.

Und Flusen nur unter dem Bett.

Kein Käuzchen ruft heute zum Friedhof hin.

's ist einfach des Mondes Sonett.

Die Sterne werden ein strahlendes Zelt.

Ich weiß das, ich hab sie gefragt.

Und all deine Sorgen in dieser Welt,

die werden ganz einfach vertagt.

In unserem Traumländlein wart ich auf dich.

Bau dir auf der Wiese ein Haus.

Im Dunkeln die Trolle, die trollen sich.

Nun schlaf einfach ein und dann aus.

Ich weiß noch, ich war in einem dieser riesigen Einkaufscenter, die aus tausenden Einzelläden bestehen, nirgendwo war Frischluftzufuhr, aber überall leuchteten Reklameanzeigen und klingelten Kinderfahrgeschäfte und brutzelten Rostbratwürste, und es war eng und schwül und dumpfig, und alle Menschen der Welt schienen gekommen zu sein, sei es, um Sachen zu erwerben, sei es, um sich die Nägel verschönern und die Haare verlängern zu lassen, sei es, um vorwärts zu schieben oder vorwärts geschoben zu werden, und niemand, niemand sah auch nur ansatzweise frohgemut oder gar glücklich aus – da klingelte mein Telefon und Juliane war dran und fragte mich, ob ich mir vorstellen könne, für sie und ihre Band Bube Dame König Liedtexte zu schreiben, Texte für Lieder, die irgendwie deutsche Volkslieder wären, aber den Traditionalisten und Nationalisten, den Laienchorfestungen und der Schlagerhölle entrissen, klingend, als kämen sie aus einem heruntergekommenen Pub, gesungen ohne Zähne im Maul, aber mit Whisky im Glas, Lieder, nicht vorgetragen auf Note, sondern laut auf der Straße und leise beim Schmusen, und ich sah mich um und sagte ohne zu Zögern: „Ja!"

TK, Leipzig, Januar 2020.

DANK AN

Kollegen: Bernie Taupin, Werner Karma, Robert Hunter, Peter Sinfield, et.al.

Gerhard Gundermann selbstverständlich.

Und Gerhard Schöne, aus denselben Gründen.

Alle aus der 112 im MRGE.

Hans-Georg Müller & Abigail Rook.

Christoph „Bassmann" Zwißler.

Alle, die jemals im „Gasthaus zum Löwen" in Ebersbrunn einen Mokka getrunken haben.

Nangijala & Rosebud & Die Zerstörten Hintergründe.

Freundinnen & Freunde & Familie.

Lena & Paul.

Hörerinnen & Hörer. Tänzerinnen & Tänzer.

Und natürlich: Juliane & Jan & Till – Bube Dame König.

THOMAS KOLITSCH

geboren 1976 in Meerane, Krankenpfleger & Lehrer, lebt in Leipzig / Connewitz und arbeitet in Eilenburg. Sein Fahrtweg führt ihn deswegen frühmorgens stets an einem stadtbekannten Freudenhaus vorbei; dort ist es um diese Zeit allerdings tatsächlich immer dunkel.

Einige der vorliegenden Texte wurden in Vertonungen auf den folgenden CDs von Bube Dame König veröffentlicht: „Traumländlein" (2015), „Winterländlein" (2016) und „Nachtländlein" (2019). „Regen und Sturm" ist auf der CD „I Once Loved A Lass" (2013) von Dizzy Spell erhältlich.

Thomas Kolitsch ist Träger des Preises der deutschen Schallplattenkritik (für die BDK-Produktion „Traumländlein", 2015) und des Deutschen Lehrerpreises (2018). Außerdem war einmal ein Zettel an der Windschutzscheibe seines Autos, auf dem „Award für Scheiße Parken" stand, aber er weiß nicht, ob das eine offizielle Auszeichnung ist.